PIERRE PRÉNAT

Cri

d'Humanité

TULLE

IMPRIMERIE J. MAZEYRIE

1901

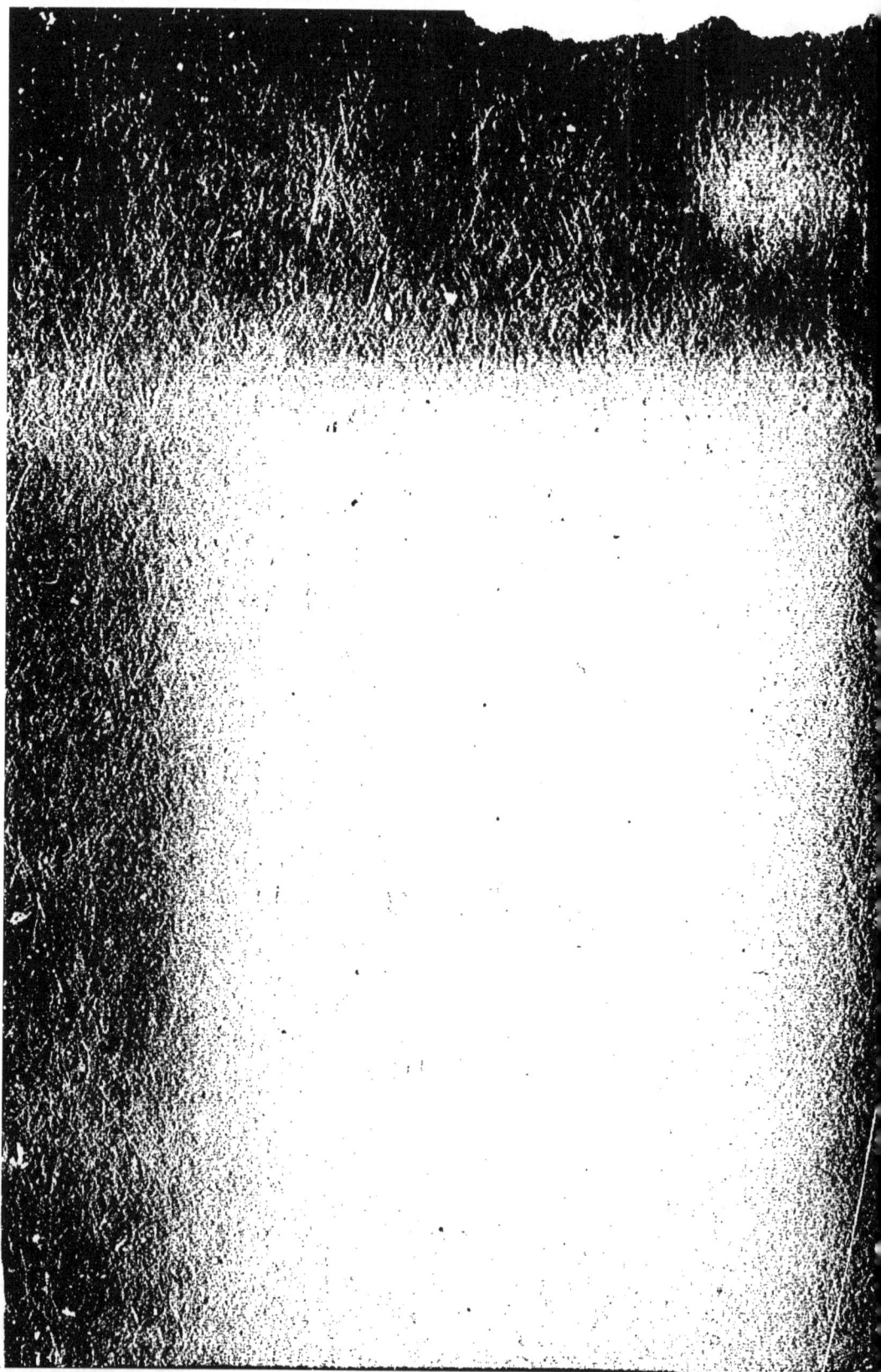

Cri d'Humanité

PIERRE PRÉNAT

Cri d'Humanité

TULLE

IMPRIMERIE J. MAZEYRIE

1901

Aux Mères de famille de tous pays
je dédie ces quelques pages.

P. P.

I

Une querelle s'est élevée entre deux cultiva-
teurs : Pierre Ravin et Jean Ruisseau, dont les
propriétés se limitent, l'une l'autre, par un
point : il s'agissait d'une question de démarca-
tion. Jean Ruisseau, convaincu de la mauvaise
foi de Pierre Ravin, a menacé. Aussitôt ils en
sont venus aux mains, et comme ils avaient
leurs outils à proximité, Jean Ruisseau, dans

un accès de colère, plus habile que son adver-
saire, l'a étendu sur le sol d'un coup de faulx
mortel.

Dès le lendemain, les gendarmes se sont
emparés du meurtrier ; ils l'ont conduit au
chef-lieu de canton, où la foule, instruite du
drame, l'a hué en criant : A mort !

Quel sera le dénouement de cette affaire ?

Dans certains milieux, on s'accorde à croire
que Jean Ruisseau bénéficiera d'une extrême
indulgence, en raison de son passé sans tache
judiciaire, et aussi, et surtout, en considéra-
tion de sa décoration. Jean Ruisseau est, en
effet, décoré de la médaille militaire. Il a
gagné cette distinction au cours de la campagne de 70, où il fit preuve en maintes circons-
tances d'un courage extraordinaire : un jour
de bataille célèbre, il se montra d'une telle
vaillance, que, remarqué par le régiment tout
entier, le soir même on répétait son nom, sous
la tente, depuis le simple soldat jusqu'au

colonel qui, publiquement, le félicitait de son attitude.

Cité à l'ordre du jour à quelque temps de là, il reçut la médaille, et les journaux de son arrondissement firent à ce sujet les plus élogieux commentaires.

A l'instar de Jean Ruisseau, qui, étendu sur la paille humide de la prison, médite sur son acte de la veille, établissant des parallèles entre les conséquences du coup de faulx isolé et celles des nombreux coups de baïonnette prodigués par lui. jadis, nous nous transporterons par la pensée trente ans en arrière, sur le champ de bataille qui fut en même temps son champ d'honneur.

II

Comme pour saluer l'aurore, aux premières clartés le canon a tonné dans la vaste plaine, où, durant la nuit, les deux armées rivales se sont installées en silence, dissimulant leur effectif dans les fossés, derrière les buissons, les talus, à l'abri des maisons, utilisant toutes les sinuosités du terrain pour s'en faire des remparts.

Dans l'air frais du matin, la buée échappée des guérets monte de même que la fumée sortie des fusils, et par une ironie atroce, les deux éléments de vie et de mort se confondent dans la nue.

Le chant des oiseaux, l'hymne à la joie, est remplacé par le sifflement strident et sinistre des balles.

Les quelques nuages errant dans le ciel se sont enfuis aux premiers bruits, et le soleil, comme s'il s'agissait de présider à une fête de Cérès, s'élève triomphant de derrière la montagne.

Ah ! si du moins celui-ci pouvait sentir une faible partie de la douleur immense qui étreint la Terre, de quel nuage sombre ne voilerait-il pas son disque éclatant ? mais, hélas ! il est trop éloigné d'elle et ne perçoit rien de cette détresse infinie : il fait reluire les armures comme il ferait briller les faucilles, et sèche les larmes de rosée suspendues aux feuilles, comme si elles étaient des larmes de plaisir.

Et pourtant la Terre souffre de pressentir les crimes qui vont s'accomplir en ce jour sur sa poitrine maternelle, à la face de l'Univers. Elle est torturée d'angoisse à la vue de ses fils, qui, la rage au cœur, ont commencé à s'entretuer dans la plaine.

Pour lequel son affection montre-t-elle des préférences? Est-ce pour l'Allemand rêveur des bords du Rhin? Est-ce pour le Français spirituel des rives de la Seine? Elle les aime tous deux d'un égal amour; elle les a nourris l'un et l'autre avec la même sollicitude, depuis leur âge le plus tendre, depuis l'époque lointaine où, sauvages encore, ils s'abritaient dans les cavernes rustiques.

Attentive à leur évolution, elle les a vus se dégager peu à peu de ce milieu bestial, elle les a vus devenir des hommes : ces Celtes et ces Germains, — frères jumeaux élevés au berceau de l'Arie antique, qui, un jour, fatigués des vents de l'Himalaya, s'enfuirent vers les contrées inconnues de l'Occident.

Pourquoi, arrivés au terme de leur migration, sur le sol de Gaule et de Germanie, jetèrent-ils entre eux ces frontières fatales qui les parquèrent comme des troupeaux de bêtes ?

La civilisation ne se joua-t-elle pas de ces barrières ridicules ? Ne répandit-elle pas indistinctement, dans les palais et les chaumières des deux nations, sa manne bienfaisante, rendant les cerveaux semblables aux cerveaux et les cœurs semblables aux cœurs ?

L'Allemand du Rhin, n'a-t-il pas la même peau blanche que le Français de la Seine? N'a-t-il pas, comme lui, des yeux bleus langoureux, éclatants de bonté, ou des yeux noirs profonds et caressants.

Ne possède-t-il pas, aussi, l'amour du foyer, le culte de l'honneur, le respect du bien d'autrui, l'enthousiasme pour les arts, la foi en la science?

Tout ce qui est proclamé vertu par l'un, ne l'est-il pas par l'autre? et n'éprouvent-ils pas tous deux la même horreur du vice?

N'adorent-ils pas le même Dieu, le Jéhovah tout-puissant de la Bible?

Qui les pousse donc alors à s'entretuer, ces êtres si conformes par leur constitution physique et par leurs sentiments?

Qui? Qui? Ne voyez-vous pas cette furie vomie par les enfers, qui, depuis le commencement de la bataille, vole d'un camp à l'autre, saturant l'atmosphère de son haleine empoisonnée? Ne la reconnaissez-vous pas, l'Ennemie implacable du genre humain? Ne l'avez-vous pas entendue vous inciter, souvent, à la colère par des insinuations venimeuses en vous montrant les frontières de votre pays? Rappelez-vous sa funeste sentence : « Tes affections ne doivent pas franchir ces limites ! »

Vraiment, vous ne la reconnaissez pas ?

Arrachez-lui son masque alors !

C'est la Haine !

Oui, c'est elle ! La Haine monstrueuse et féroce ; l'antagoniste éternel de l'Amour, de l'Amour bienfaisant et consolateur ; c'est elle, l'âme damnée du Mensonge, la Haine maudite dont l'autre nom est : Perfidie !

Toutes les actions de cette odieuse furie sont dirigées contre le bien et le vrai, et tout ce qu'elle effleure, de son souffle malsain, est aussitôt dénaturé. Le Génie cesse d'être le Génie dès qu'elle le voile de son ombre, et le Progrès, lorsqu'il la rencontre sur sa route, ralentit sa marche triomphale.

Qui donc aussi, de tous temps, a fait mentir Jésus-Christ ? Qui donc a transformé le doux Fils de l'Homme en ce Dieu des Armées, farouche et partial, assoiffé de sang et de carnage ? Elle ! elle ! Toujours elle !

O Christ ! pardonne-nous ces crimes épouvantables commis en ton nom ! O toi, qui, par la poétique Galilée, allais, la parole de paix aux lèvres, le rameau d'olivier à la main répandre tes doctrines sublimes, toi qui représentas sur cette terre la Douceur et l'Amour, toi qui ne connus jamais la Haine, pardonne à notre génération les instincts barbares qui nous guident encore, pardonne à l'âme de nos ancêtres le forfait d'avoir remplacé dans ta main le rameau d'olivier par ce glaive inutile !

Au-dessus de nos misères, que ta grande voix s'élève à nouveau comme un appel à la concorde. Répète tes paroles divines afin qu'elles réveillent dans nos consciences les plus nobles sentiments.

« Aimez-vous les uns, les autres ! » Hélas ! combien est restreint le nombre de tes disciples, combien sont rares ceux qui désirent sincèrement ce que tu as désiré, qui aiment ce que tu as aimé : l'Humanité tout entière.

Et cependant, ton nom est dans toutes les bouches de notre partie occidentale du monde.

Par un étrange phénomène d'illusion, la foule croit, même, pratiquer tes préceptes sacrés que les mères font balbutier à leurs enfants agenouillés devant ton image, et tous croient demeurer en communion d'idées avec toi en sollicitant ton intervention pour les conquêtes ou les vengeances.

Reviens, Christ! sur cette terre malheureuse; reviens expliquer tes maximes admirables que la multitude n'a pas comprises encore!

Dis à tous ces hommes, toujours disposés à se tuer les uns les autres, combien sont horribles les meurtres dont ils se souillent les mains! Dis-leur qu'ils sont tous frères, que la division tracée entre eux par le passé est l'œuvre de la folie. Dis-leur, toi qui conçus l'idée de la Providence universelle, que pour aimer toute l'humanité on n'aime pas moins

són, foyer, sa commune natale, sa province, sa
nation ! Dis-leur, enfin, que le sang est le sang,
que le crime est le crime ; que quiconque verse
ou fait verser le sang de son semblable est
criminel.

Reviens, Christ ! et que tes regards se portent au Golgotha où la Pensée crucifiée par les
Préjugés gémit de son impuissance à convertir
les peuples à la raison, à la bonté ! Viens, nous
t'en supplions, l'arracher de sa croix ; viens,
lui prêter l'appui de ta gloire afin qu'elle res-
plendisse à son tour, éblouissante, d'un attrait
irrésistible, dans le ciel pur de l'avenir, pour
le bonheur de l'humanité !

Autour de Jean Ruisseau, les canons répon-
dent aux canons, les fusils aux fusils, et sur le
sol les cadavres s'abattent lourdement.

Jamais la Mort ne fut à pareille fête ! Grâce
au perfectionnement des instruments de guerre
le nombre des victimes augmente à plaisir.

Quelle riche moisson pour elle que ces jeunes gens, au sang vermeil, venant choir dans ses bras ! D'ordinaire, il lui est malaisé de faire des recrues dans les rangs de cette jeunesse vigoureuse : les infirmes, les vieillards, péniblement disputés aux médecins, forment la pâture consentie à sa voracité. Mais aujourd'hui, quelle aubaine inespérée ! Que de bras travaillent pour elle ! Que de moissonneurs pour ces beaux épis !

Voyez comme Jean Ruisseau lui-même favorise son œuvre.

Ah ! c'est que Jean Ruisseau est le brave des braves ! Il est un des meilleurs soldats. Il a tué beaucoup, déjà, et il continue à tuer, il tue sans cesse. Son fusil est brûlant de la quantité de cartouches tirées.

Ne vas pas t'arrêter pour cela, Jean Ruisseau ! Non, non, ne te repose pas ! La tâche n'est pas terminée. Il faut tuer encore ! toujours !

Tiens, regarde, là-bas, ce beau jeune homme

2.

qui s'adosse à un arbre en jetant un coup d'œil mélancolique sur la bataille. Ce jeune homme est un philosophe ; il a à peine vingt-cinq ans, et son nom retentit déjà dans le monde. Il a écrit des livres qui passeront à la postérité.

Vise-le bien, Jean Ruisseau ! Ne le manque pas ! Pan ! Bravo ! il est atteint. Tu es sublime, Jean Ruisseau !

Mais, vois celui qui se penche anxieusement sur son corps. Quel est-il ? C'est son plus cher ami. Musicien déjà célèbre, quoique jeune, on prédit qu'un jour il égalera Wagner par le génie !

Ton fusil est-il armé ? Oui. Feu ! alors. A la bonne heure ! le voilà tombé aussi. Tu es un héros, Jean Ruisseau !

Ton front est fait pour les lauriers. Que n'y-a-t-il, ici, des jeunes filles pour te tresser des couronnes ! Personne même des deux armées, ne se présenterait pour te disputer la plus belle !...

Si, pourtant, il en est un dans les rangs ennemis dont la valeur paraît égaler la tienne : c'est Fritz Muller ; son coup de fusil n'est jamais perdu. Tu ne l'aperçois pas, lui, parce qu'il est caché derrière un buisson ; mais juge de son adresse par ses ravages : il a déjà fait du vide autour de toi ; il a abattu Paul Champa, le poëte : tu ne connaissais pas Paul Champa? Non ! Sa réputation était des plus brillantes ; chacune de ses pièces était considérée comme un chef-d'œuvre. Mais cela a peu d'intérêt pour toi.

Qui a-t-il tué, encore, ce terrible Fritz Muller ? Malheur ! le docteur Chagot est tombé sous sa balle. Quelle perte pour la science ! Les débuts de ce jeune médecin avaient été remarqués par toutes les sommités scientifiques. Mais n'est-il pas vrai que la guerre est un mal nécessaire, Jean Ruisseau ? Absolument nécessaire !

Ce philosophe, émule de Kant ; ce musicien,

fils de Wagner ; ce poëte, aussi grand qu'Hugo ; ce médecin, disciple de Pasteur, étaient de trop dans l'humanité. Grâce à toi, Jean Ruisseau, grâce à Fritz Muller, ces bouches ne mangeront plus le pain des autres !

Qu'importe que la philosophie, les arts, la science, souffrent de ces disparitions ! La philosophie, les arts, la science ne comptent pas dans la vie des peuples ! Il est d'autres choses qui doivent passer en première ligne, c'est l'adresse, la ruse, la force, comme au temps d'Attila, n'est-ce pas, Jean Ruisseau ?

Va, marche, la conscience tranquille, tue toujours, la bataille ne touche pas encore à son terme. Ton fusil est trop brûlant, dis-tu ? Eh bien ! mets la baïonnette au canon, on va se battre à l'arme blanche.

A la baïonnette ! le cri s'est élevé, électrisant les combattants, les poussant les uns vers les autres comme s'ils étaient enragés.

Attention ! Le spectacle va devenir saisissant. La mêlée furieuse va présenter un caractère imposant de beauté sauvage !

Mais nous sommes seuls, à contempler ce magnifique tableau. Il faut des spectateurs cependant à ces scènes grandioses . Accourez donc, mères de famille, venez éprouver des émotions puissantes !

Regardez, regardez bien ces poitrines défoncées, ces entrailles fumantes, ces yeux arrachés, ces crânes ouverts, ces membres coupés, ce sang qui coule ! Regardez comme tous ces chevaux piétinent les corps dans la poussière ! Regardez ces bouches grinçantes, ces mains crispées ! Ecoutez surtout les accents de douleur qui s'échappent de la fournaise ! N'est-ce pas qu'il est prodigieusement merveilleux le spectacle que présente le gigantesque abattoir humain ?

Mais quoi ? Qu'est-ce à dire ? Des sanglots ? Que font ces femmes ? D'aucunes s'arrachent

les cheveux. Celles-là se tordent les bras !
D'autres se labourent le visage avec leurs
ongles. Leurs cris dominent la voix du canon.
Pourquoi répètent-elles sans cesse ce mot :
« Pitié ! Pitié ! » Et celle-ci, qui se roule à terre
comme un serpent blessé, que dit-elle? Voyons,
approchons-nous et écoutons :

« Malédiction ! Malédiction ! O destin aveu-
gle ! Il n'est pas de par le monde un malheur
aussi grand que celui qui m'afflige aujour-
d'hui ! Le misérable dont la faim tenaille
l'estomac, l'hiver, dans un logis sans feu ; le
malade qui dans la salle sombre de l'hôpital
tressaille sous la morsure de son mal ; le nau-
fragé, qui sur la mer, veuve de navires, voit
s'éteindre le jour, ne ressentent pas au cœur
une douleur si aiguë que celle que j'éprouve.
L'espérance, cette consolatrice suprême, se fait
leur compagne d'infortune alors qu'elle me fuit!

« Je n'avais qu'un fils, en lui toutes les vertus
se rencontraient. La guerre me l'a tué. Pour-

quoi me laisse-t-on vivre ? Pour le pleurer ? Je voudrais que tout le sang de mon cœur s'écoulât en larmes par mes yeux, pour le pleurer comme il le mérite, et aller le rejoindre dans la tombe !

« O torture! ô désespoir ! ce fils bien-aimé, que ma tendresse avait toujours entouré des soins les plus doux, depuis le berceau où je m'alarmais de ses premiers soupirs, jusqu'au jour où on l'arracha de mes bras pour lui mettre un fusil entre les mains, ce fils si chéri, l'espoir de ma vieillesse, il n'est plus ! il n'est plus !...

« Nous étions si heureux; nous vivions l'un pour l'autre ; le monde n'entrait pas dans notre douce et sainte affection.

« Pourquoi, un jour, est-on venu le chercher pour lui apprendre à tuer des hommes? Dieu! lui, si bon, d'un cœur si droit, le forcer à faire cela. Comme nous aurions dû fuir alors ! loin, très loin, hors de ce monde

méchant qui n'a pas horreur du meurtre. Il
doit bien exister, sur cette terre, un endroit
caché où il soit permis à une mère d'aimer
son enfant, librement, sans qu'elle ait à se
défendre contre les potentats qui le lui volent
pour le faire tuer ! Il m'eût suivie partout :
il m'aimait tant ! Ah ! pourquoi n'avons-
nous pas fui ? Pourquoi ne nous sommes-nous
pas exilés de cette humanité menteuse qui
prétend être juste, qui promet la sécurité à
ses sujets, mais qui, fidèle à ses mauvaises
passions, vit sans conscience et sans honneur.

« O mon fils, par instants je sens la folie en-
vahir mon cerveau, et, cette folie, dont l'idée
m'eût glacée d'effroi naguère, apparaît à présent comme une consolation ! Peut-être sera-
t-elle douce, l'obsession qui me dominera,
peut-être croirai-je te porter dans mes bras... »

———————

III

La nuit s'est interposée entre les deux
armées, et chacune s'est retirée sous la tente.
Tout le monde est exténué et se dispose à
dormir.

Cependant, le régiment auquel appartient
Jean Ruisseau est rassemblé : le colonel a tenu
à féliciter, sans retard, les officiers et les soldats dont il a remarqué la valeureuse conduite

.durant la journée. Certes ! ils sont nombreux ceux qui méritent des éloges, ceux qui ont bien massacré ; mais il en est un que le colonel a particulièrement admiré : celui-là est Jean Ruisseau : Jean Ruisseau a fait preuve d'une bravoure, d'une résistance surhumaine. Par une intuition miraculeuse, il parait tous les coups de baïonnette, et chacun des siens donnait la mort. Des endroits les plus périlleux il ne se retirait qu'après s'être entouré de cadavres étendus à ses pieds. En un mot, il fut héroïque, et le colonel, entraîné par l'enthousiasme, déclare qu'au plus fort de la mêlée Jean Ruisseau ressemblait à un lion. Aussi, le propose-t-il pour la médaille militaire.

Comme il est fier, Jean Ruisseau, d'ouïr ces paroles louangeuses prononcées devant tout le régiment ! Est-il possible qu'un tel hommage lui soit rendu ? Il considère cet instant comme le plus beau de sa vie, et lorsque les rangs sont rompus, que les camarades, après l'avoir félicité, à leur tour vont chercher le sommeil, il entend encore la voix du colonel : « Vous ressembliez à un lion, Jean Ruisseau ! »

Comme les autres, il se couche mais ne parvient pas à s'endormir. Il se lève, et, électrisé par les syllabes éloquentes, il erre par la campagne. Où va-t-il? A l'aventure ! sans se rendre compte, le cerveau troublé par la griserie des éloges ! N'est-il pas un lion? Le lion ne voyage-t-il pas seul ?... Il marche, envahi d'un orgueil incommensurable. On ne pouvait le flatter davantage, que de le comparer à la brute symbolisant la force et le courage.

Soudain, à l'horizon, la lune apparaît, Jean Ruisseau s'arrête et la regarde monter dans le ciel clair. Autour de lui, tout est silencieux ; rien ne bouge. Deux choses seulement paraissent exister en ce moment : le boulet blanc qui s'élève à l'horizon là-bas, et lui, lui, le lion redoutable; et en son esprit s'éveille l'idée qu'il pourrait réduire en poussière le boulet blanc, s'il le pressait entre ses mains, ces mains d'acier qu'il tend dans le vide en un geste de toute-puissance.

Mais, tout à coup, secouant la tête comme pour rejeter une crinière imaginaire, il repart. Où?... De même que le bon ouvrier subit l'attraction de son œuvre dont il est satisfait, de même Jean Ruisseau se sent entraîné vers le champ de bataille qu'il éprouve le désir de revoir.

Quelque cent mètres franchis, et il se trouve sur le théâtre de l'action.

Quoi de plus poignant que le tableau qui s'offre à sa vue ! L'imagination peut-elle concevoir un spectacle plus horrible qu'un champ de bataille ? Non ! car au-dessus des souffrances physiques que trahissent les bouches convulsées des mourants, la pensée hurle de douleur à la constatation de la banqueroute du génie humain.

Un champ de bataille ! c'est le chaos effroyable où le Progrès et la Civilisation culbutent en une chute lamentable et deviennent des mots creux, vides de sens !

Un champ de bataille ! c'est la négation de tout ce qui constitue la supériorité de l'homme sur l'animal ; c'est la négation de la raison, de l'intelligence, des sentiments !

Un champ de bataille ! c'est l'autel sacrilège où les mauvais instincts sanguinaires de l'homme le poussent à immoler ses frères au fanatisme !

Un champ de bataille ! c'est la destruction des plus riches énergies de deux nations ; c'est l'anéantissement de la beauté de la race au profit du rachitisme !

Un champ de bataille ! c'est l'assassinat devenu fonction normale, c'est le crime glorifié !

Un champ de bataille enfin ! c'est le triomphe de la folie sur la logique, de la bestialité sur la bonté, de la force sur le droit, de la Matière sur l'Esprit !

Tout autre que Jean Ruisseau deviendrait compatissant en présence de tous les affreux supplices des pauvres malheureux gisant abandonnés au milieu des terres ; leur détresse est si grande à ceux qui conservent encore une flamme de vie qui tout à l'heure s'éteindra : ils se voient mourir lentement, sur cette couche dure, sans autre chevet que la crosse du fusil ou une grosse pierre, privés de tout secours, de toute consolation, de toute affection, les dernières paroles de ceux qu'on aime et qui sont comme une caresse à l'âme qui s'en va.

Autant de scènes prises au hasard sur ce théâtre de la douleur, autant de sources de larmes.

Celui-ci, sentant la mort approcher, se soulève par instants pour chercher autour de lui un cœur où il pourra déverser le trop-plein du sien ; il voudrait dire des mots d'amitié avant de succomber ; il lui semble que ces mots seraient un soulagement s'ils trouvaient un écho. Soudain, il aperçoit son cheval tombé à quelques mètres de lui. Rassemblant toutes ses forces en un suprême effort, il se traîne péniblement vers son compagnon de bataille, et bien qu'il le voie mort, il étreint, de ses mains tremblantes, le museau de la bête et l'embrasse en pleurant. Ironie cruelle : le cheval mort reçoit les dernières tendresses de cet être affectueux !....

Plus loin, quels sont ces deux blessés qui s'apprêtent à mourir la main dans la main ? Ils se sont prêté assistance durant quelques heures ; l'un avait à boire, il s'est privé pour désaltérer l'autre. Leur dévouement réciproque leur a même communiqué une lueur d'espoir ; mais, hélas ! ils se rendent bien compte à présent que tout est fini : leurs membres se glacent, leur pouls se ralentit, et ils se regardent, sans voix pour exprimer leur détresse. Leurs yeux se mouillent. Comme ils paraissent s'aimer !

Des amis d'enfance, sans doute, réunis là par le hasard ? Non, pas cela ! De bons camarades du régiment alors ? Du tout : l'un est Français, l'autre est Allemand !

Sur toute l'étendue de la plaine ce sont des misères semblables : des mains suppliantes, levées vers le ciel, des bouches sanglantes mordant le gazon, des cris de désespoir, des râles d'agonie, toutes les gammes de la souffrance s'échappant du charnier.

Mais, peu à peu, les gémissements deviendront plus rares ; les blessés mourront un à un, et lorsque la lune aura achevé sa promenade au firmament, les plaintes auront cessé...

Et voilà la sépulture réservée à cette jeunesse brillante qui, hier encore, se grisait d'illusions sur l'avenir !

Comme les lépreux de jadis, elle n'a pas droit au cimetière commun ; elle est maudite.. Elle n'a pas droit au bouquet de fleurs que la main pieuse apporte sur la tombe chère.

Pour la famille, le Jour des Morts n'existera pas. Cette fête de la douleur où les plaies vives de l'âmes se cicatrisent d'un peu de langueur, cette fête se passera dans les transes, la pensée à la recherche de l'enfant disparu.

Combien est douce, cependant, la prière près de la tombe, où l'imagination fait revivre l'être aimé : on le voit vous sourire à travers la couche de terre et la planche du cercueil ; alors, l'entretien mental commence, tous les bons instants vécus ensemble renaissent : c'est une joie dans la tristesse, et la tristesse s'atténue insensiblement au renouvellement de cette joie.

Quel plus grand malheur que d'être privé de cette consolation ! D'ignorer l'endroit où repose le mort que l'on pleure, de ne pouvoir converser avec lui aux heures de désespérance, pour lui répéter sur son tombeau les mots qu'il aimait à entendre, les noms qui le faisaient sourire.

Et quelle vision effroyable que celle des lieux funèbres où l'on se le représente tombé là-bas, dans le vide, sans espoir de connaître jamais le coin de terre où il dort pour toujours !...

Ah ! il serait difficile à trouver ce coin de terre ! Aux quatre vents du ciel a été dispersée la substance de cette misérable victime de la barbarie dont les corbeaux ont été les fossoyeurs !

Un coin de terre ! cela est l'apanage des chiens, des animaux domestiques, mais des fils de l'humanité ! Allons donc !

La guerre est un mal nécessaire !...

Mais, que fait donc Jean Ruisseau depuis un instant ? Il inspecte les blessés et les morts, regarde chacun de très près comme s'il allait le secourir, puis ne découvrant pas ce qu'il paraît chercher, il poursuit sa visite de l'un à l'autre. Soudain, il s'arrête devant un cadavre marqué au cou, au-dessous du menton, d'un trou de baïonnette par lequel son sang s'est épanché. Le coup de baïonnette est l'œuvre de Jean Ruisseau. Ah ! il reconnaît bien là le résultat de son « coup lancé, » son fameux coup qui l'a illustré par devant tout le régiment ! Et voilà pourquoi il demeure en place, et pourquoi sa physionomie s'éclaire d'une flamme de satisfaction.

Tous ils portent la même empreinte, ceux que Jean Ruisseau a abattus durant le jour : le « coup lancé » a toujours été d'une précision remarquable !

Mais, quel est donc le papier que tient à la main le soldat mort? On dirait une lettre. En effet, c'en est une, entièrement mouillée. Cependant, la rosée n'a pas encore pleuré. Non ! la rosée de cette nuit n'est pas encore née ; ce sont les larmes du jeune soldat qui ont mouillé la lettre.

Lisons-la.

« Mon Frantz bien-aimé,

« Depuis un long mois te voilà parti, et une fois seulement j'ai reçu de tes nouvelles !

« Nuit et jour, ta bonne lettre ne me quitte pas, et lorsqu'elle n'est pas devant mes yeux ou sur mes lèvres, elle se trouve sur mon cœur.

« Écris-moi bientôt, cher adoré, car mes baisers effacent peu à peu les serments que ta plume a tracés, et mon enfantillage s'alarme et fonde des pressentiments ridicules sur ce fait pourtant bien naturel.

« N'ai-je pas toutes raisons, cependant, de me reposer sur ton amour ? Ne m'a-t-il pas fourni les gages les plus sincères de la fidélité ?

« Mais, tu le comprendras, n'est-ce pas ? l'ennui fait éclore les chimères ; le rêve se laisse bercer par elles et il ne faut rien moins que l'appel au souvenir pour dissiper les ombres sinistres.

« Être parjures l'un à l'autre ! Conçois-tu cela, mon Frantz ? Manquer à la parole donnée ? Quelle folie de s'arrêter à cette sotte idée !

« Parfois, aux heures où ma tristesse atteint le paroxysme, pour l'apaiser un peu, je lance ma pensée à ta poursuite ; poursuite illusoire, hélas ! car, où te découvrir dans ces pays inconnus que ton pied foule pour la première fois et dont je n'ai nulle connaissance ?

Mais ma pensée ne s'arrête pas à cette déception : à
défaut de la réalité, elle crée des lieux favorables au
milieu desquels elle te place, et cela me permet d'assis-
ter à tes multiples actions. Ce spectacle imaginaire me
calme : l'illusion est si douce parfois; c'est la seule
puissance, avec l'amour, dont les effets engendrent le
bonheur, et je me demande si une vie est possible sans
le secours de l'une ou de l'autre !

« A d'autres instants, ce sont des présages lugubres
qui viennent obscurcir le tableau : les échos de cette
funeste guerre m'arrivent en récits de batailles sanglantes qui, me glaçant d'effroi, transforment mon
anxiété en une épouvante douloureuse; une fièvre
brûlante me domine alors, et ce n'est que lorsque mes
larmes se sont écoulées en abondance que mes sens
reviennent au repos.

« Tu sais bien, mon Frantz chéri, que ma vie est
liée à la tienne comme le sont l'une à l'autre ces étoiles-
sœurs que l'on voit toujours accouplées dans le ciel.

« Toutefois, ne nous laissons pas entraîner à accor-
der aux idées mélancoliques une plus large part dans
cette lettre ; il est plus sage de parler de notre amour,
et le réconfort que mon espoir en l'avenir doit te porter, est plus utile à ton état actuel que les lamentations
puériles d'une amante timorée !

« Ne vaut-il pas mieux se rappeler les sensations

divines vécues ensemble depuis le jour béni où le sort nous rendit heureux en nous faisant connaître l'un à l'autre ?

« Souviens-toi, mon bien-aimé, de ces heures délicieuses, où la main dans la main, sans autre souci que notre amour, nous allions à travers la campagne, dans le silence religieux de la nuit, sous le clair regard de la lune !

« Que de fois nous avons parcouru l'étroit chemin, bordé d'aubépines, qui conduit à la petite rivière ! C'était une joie toujours nouvelle pour nous d'entendre le gazouillis de l'eau sur les cailloux blancs. Nos âmes se laissaient captiver par les notes cristallines qui semblaient interpréter nos sentiments mieux que ne l'eût fait notre langage. Nos mains se serraient avec plus de force, et souvent, des larmes de félicité brillaient dans nos yeux. C'était bien la chanson de notre amour que murmurait l'eau mélodieuse !

« Revis-les une à une, ces soirées exquises ; le bonheur qu'elles nous firent goûter fut assez intense pour que le souvenir de chacune produise la force d'une émotion encore vive.

« Oh ! les baisers sans fin donnés et reçus en d'inoubliables instants ! Oh ! les tendres caresses qui faisaient palpiter nos cœurs d'une fièvre ardente !

« Que ces douces choses évoquées te fassent oublier

les misères du moment, mon Frantz ! Toutes les contra-
riétés que ta nature délicate doit subir sont passagères,
et s'oublieront comme un vilain songe dans les bras de
celle qui t'aime.

« Tu vois, je me donne l'allure d'une âme forte et
pourtant, avec quelle impatience et quelle inquiétude
j'attends ton retour ! Comme il me tarde de te revoir,
cher adoré, d'entendre ta voix aimée répéter les paroles troublantes dont tu sais me griser !

« Combien de jours vais-je compter encore avant
celui qui me rendra la gaieté ? Ne finira-t-elle pas
bientôt, cette guerre maudite, pour la justification de
laquelle les phrases pompeuses ne trouvent un écho
sympathique que chez les hommes sanguinaires ?

« Adieu, tendre ami, réponds-moi sans tarder ; tran-
quillise-moi, je t'en supplie. Ton silence prolongé davantage, deviendrait à ma vie un tourment insupportable.

« Renvoie-moi les nombreux baisers qui accompa-
gnent cette lettre.

> « Ta fiancée,
> « IDA. »

Hélas ! quel malheur va vous foudroyer,
digne petite fiancée ! Vos beaux yeux ne rece-
vront plus ces baisers que vous implorez avec
tant d'amour ! Ils ne reflèteront plus l'image

du bien-aimé : les larmes seules troubleront à l'avenir ces miroirs adorables. Prenez les habits de deuil : Frantz est mort et vous n'étiez pas près de lui pour lui fermer les yeux !

Ah ! les beaux jours ont bien cessé de luire pour vous ! Partout, vous ne rencontrerez qu'amertume et désespoir !

La petite rivière murmure toujours, pourtant, mais le gazouillis charmant qui vous plaisait tant naguère s'est changé en des notes de tristesse, et vous ne percevrez, désormais, qu'une plainte monotone et douloureuse...

Si Jean Ruisseau n'était pas un « lion », il se sentirait ému, à l'idée de cette catastrophe. Mais un « lion » ne se laisse pas attendrir comme une femmelette !

Il continue ses recherches, enjambant les morts et les blessés, insensible aux supplications des souffrants, à tout sentiment de pitié.

Au bout de quelques mètres, il découvre

une nouvelle victime du « coup lancé ». Quelle adresse, pense-t-il en constatant que la blessure est semblable à la précédente : la même saignée au-dessous du menton, et sa vanité se rassasie à nouveau à la vue de son ouvrage.

Veux-tu savoir, Jean Ruisseau, le nom de celui qui est couché là? Veux-tu connaître la situation de ceux qu'il a dû abandonner pour venir se mesurer avec toi sur le champ de bataille? écoute :

Karl Schwartz était ouvrier et père de famille au milieu de laquelle, sans passions, il vivait relativement heureux. Il était de ces sages qui, ne pouvant s'offrir le superflu, s'efforcent de se contenter d'un nécessaire restreint, tout en espérant de l'avenir une plus large répartition du bien-être.

La guerre l'ayant brutalement arraché à son labeur journalier, labeur qui nourrissait l'épouse et les petits bambins dont le dernier est encore suspendu au sein de la mère, la misère, à pas lents, s'est introduite dans l'humble chaumière où elle s'est installée en maîtresse.

Un à un, les objets de ménage, les souvenirs de famille ont pris le chemin du mont-de-piété, dans l'espoir qu'on avait de voir revenir bientôt le courageux travailleur, mais, hélas ! les jours, les semaines ont passé, le logis s'est dégarni et les tortures de la faim commencent à contracter les faibles estomacs, et la malheureuse mère, affolée, se demande s'il lui sera possible de fournir demain la becquée à ses chers petits.

« Maman, j'ai faim ! — Maman, j'ai faim ! » Quel supplice pour elle, d'entendre les accents plaintifs de ses chérubins, et comme elle leur donnerait volontiers son cœur à dévorer si elle ne se sentait pas indispensable à eux !...

Cette douleur, comme les autres, te laisse

insensible, Jean Ruisseau? Sans doute, la pitié n'a pas cours en temps de guerre !...

Et le voilà entraîné à nouveau par son caprice, à poursuivre ses intéressantes visites. A chaque découverte d'une blessure faite par sa main, il exulte, il rayonne de plaisir, et ses yeux brillent d'un éclair farouche.

Tout à coup, il croit entendre une voix l'appeler : « Jean Ruisseau ! Jean Ruisseau ! » Ne rêve-t-il pas ? « Jean Ruisseau ! Jean Ruis-« seau ! » Mais non, c'est bien son nom qui frappe son oreille ! D'où part donc l'appel? « Jean Ruisseau ! — Qui me parle ! — Moi, Jean Ruisseau, viens par ici ; je suis Claude Forêt, ton camarade d'enfance : le sang en coulant a défiguré mon visage, ma voix est affaiblie, il ne me reste plus que quelques instants à vivre, mais je suis bien heureux de te revoir pour te charger de faire mes adieux aux vieux parents qui m'attendent, là-bas, au village. Ce sont de braves gens, tu le sais, Jean

Ruisseau ; ils ne méritent pas le sort qui leur est réservé. Les revers, la maladie, ne leur ont pas permis de prélever sur leurs modestes gains les économies nécessaires pour assurer le repos de leurs vieux jours. Ils sont très âgés maintenant, et incapables de travailler. J'étais leur seul soutien. Aussi, les nourrissais-je avec bonheur, ne désirant qu'une chose : me sacrifier encore longtemps pour eux, si bons.

« Que vont-ils devenir ? Il ne leur reste qu'une ressource : mendier ! Ah ! si tu pouvais comprendre, Jean Ruisseau, combien cette idée m'est pénible ; la souffrance causée par mes blessures n'est rien, comparée à celle-là !

« Ma vieille mère, aller tendre la main ! oh ! quel cauchemar épouvantable !...

« Tu leur diras !... Mais, que peux-tu leur dire, pour adoucir leur chagrin ? Ce n'est pas avec des mots qu'on remédie à une grande misère comme celle dont ils vont hériter par

ma mort !... Enfin, dis-leur que j'ai quitté la
vie en prononçant leur nom !... »

A cette même place où Claude Forêt agonise,
dans quelques mois jailliront de beaux épis
que son sang aura gorgés de vie à leur nais-
sance. Jamais ce champ n'aura produit aussi
belle récolte, jamais la grange du propriétaire
n'aura reçu pareille abondance.

Le pain ne sera pas cher cette année-là ;
les mendiants pourront se présenter à la ferme !

Que la mère de Claude Forêt accoure donc !
elle pourra goûter à ce pain auquel tous les
pauvres auront droit.

Ne le trouvera-t-elle pas trop amer ?...

————————

IV

. Et maintenant, voyons comment il est possible de concilier la logique de la société avec le caractère des événements !

. La guerre terminée, Jean Ruisseau, rentré à son village, a été considéré comme un héros en raison de sa valeureuse conduite au cours de la campagne. 'On peut donc dire que son degré d'héroïsme a été proportionné au nombre d'hommes tués par lui au nom de la Société.

Hier, sans aucune préméditation, d'un geste en quelque sorte automatique, pour défendre sa propre existence menacée, il a donné la mort à un autre homme. Or, pour nous placer au niveau des sentiments de notre époque, nous devons reconnaître : ici, le crime ; là, des actes d'héroïsme.

Ah çà, espère-t-on façonner notre jugement comme on pétrit une matière malléable ?

Halte-là ! Privé du libre examen, l'homme redevient une brute. Eh bien ! nous voulons essayer d'échapper à cette déchéance, et pour prouver la vitalité de notre esprit, nous ne craindrons pas de nous dresser en face de la Société pour lui demander les explications de sa logique.

Avant qu'elle ait le cynisme de traduire Jean Ruisseau à son prétoire, nous l'entraînerons, nous, au Tribunal de la Conscience Humaine, et nous ne lui concèderons le droit de juger que lorsqu'elle se sera justifiée elle-même.

Qu'elle choisisse ses avocats ! qu'elle cite ses témoins ! Notre justice écoutera sa défense avec patience. Au reste, ses forfaits sont assez ignominieux pour que toute prévention contre elle soit bannie.

Elles vont paraître à la barre, toutes les familles que la guerre a mises en deuil ; les fiancées dont on a tué les amants ; les jeunes épouses qui ont perdu leurs époux ; les enfants privés de leurs pères ; les vieilles mères aux cheveux blancs, réduites à la misère par la disparition de leurs fils.

Et tout ce monde-là, les yeux en pleurs, défilera en la montrant du doigt à son banc d'infamie...

L'audience est ouverte !

Gendarmes, faites entrer l'accusée !

Le front courbé sous le poids de l'accusation, la Vieille Société Aryenne se dirige à la place qui lui est assignée. Ses avocats la suivent. Quels sont-ils ? Les Instincts ! les Préjugés !

Ah ! ah ! les voilà donc les hommes d'affaires, véreux, à l'œil louche !

La cause est mauvaise, il faut croire, puisqu'elle n'a pas été convoitée par d'autres, puisqu'elle est restée entre les mains de ces sinistres aigrefins.

Avec eux, nous allons marcher de distinguos en subtilités, mais leur fourbe dialectique s'usera bientôt contre la solide base du réquisitoire.

C'est folie d'engager la discussion ! on ne lutte pas contre le ministère public, lorsqu'il est représenté par cette puissance : la Raison.

Qu'importe aux avocats ! Ils sont là pour plaider, ils plaident ! ils plaident ! ils plaident !

Que disent-ils ? Quelles excuses fournissent-ils aux crimes commis par la Société ?

Ils évoquent le passé ; ils absolvent les temps présents par l'exemple du passé ; le passé est pour eux le pivot de leur défense, c'est l'argument principal qui explique tout, qui justifie

4

tout. Les aventuriers de toutes les époques et de tous les pays, depuis Annibal jusqu'à Napoléon, — ces histrions illustres, avides de gloire personnelle, qui ont marqué l'histoire d'autant de pages de sang, — dans la bouche des avocats deviennent des demi-dieux qu'on proposerait, si on l'osait, à l'adoration des foules.

« La guerre est un mal nécessaire, ajoutent-ils en substance ; de tous temps elle a existé, elle existera toujours. »

Ecoutons à présent l'avocat général.

« Vraiment, vous prétendez que la guerre est un mal nécessaire, et pour appuyer votre thèse, vous citez les exemples du passé !

« Mais, le passé lui-même vous condamne, il démontre que rien n'est immuable sur cette planète, que tout se modifie, les lois, les mœurs, les sentiments, pour s'adapter aux besoins du moment.

« Il ne s'agit pas de considérer la marche de l'humanité à un point de vue restreint ; il ne faut pas se contenter de la regarder dans le cadre étroit de quelques siècles ! Pour bien s'en pénétrer, il faut, au contraire, se placer à un certain recul, afin de pouvoir embrasser, d'un coup d'œil, l'étape immense de son évolution intégrale.

« On se rendra compte alors que si la guerre est parfois nécessaire aux époques d'ignorance, elle devient fléau lorsque l'homme commence à réfléchir, lorsque la pensée aspire à remplacer la force dans la domination du monde.

« L'anthropophagie n'eut-elle pas son règne aux premiers âges de notre espèce ? L'esclavage ne fut-il pas consacré par toutes les vieilles sociétés disparues ? Le servage ne fut-il pas une condition sociale encore récente ?

« Que sont donc devenues ces formes rétrogrades ?

« Evanouies ! comme de vilains rêves, aux clartés de plus en plus vives de la civilisation. Evanouies ! comme s'évanouira cet autre fantôme de la barbarie qu'on appelle la guerre !

« Peut-on concevoir, aujourd'hui, que l'homme, dans un lointain passé, ait été sauvage au point de se nourrir de chair humaine ? Non ! Eh bien, on ne pourra pas mieux s'imaginer, dans deux cents ans d'ici, que l'homme de notre génération, fidèle à la mentalité de son temps, ait éprouvé le désir de plonger une baïonnette dans la poitrine de son semblable, pour l'unique motif que celui-ci n'était pas né à l'ombre du même clocher !

« Et quelle morale impie peut naître de cet état de choses ! Quelle morale la Société peut-elle exiger de ses sujets, si elle-même ne s'astreint à aucun devoir, si elle ne respecte pas le droit primordial de chacun, le droit à la vie, propriété sacrée de toute existence humaine ?

« Toute morale qui nie ce droit est faussée à sa base. Toute société qui vit sans en tenir compte est criminelle et ne peut engendrer que la fourberie.

« Avocats! recommencez vos plaidoiries, vos arguties ne parviendront pas à réfuter cette logique!

« Le passé! Mais considérez donc l'abîme qui sépare de nos temps modernes la génération de Clovis! Le Français d'aujourd'hui est fils du Gaulois d'alors, cependant. Le sang qui a coulé dans les veines d'un Pasteur est hérité d'un de ces Gaulois farouches de jadis, d'un de ces barbares à l'œil fauve qui allaient, au travers de la civilisation romaine, sans autre rêve que le meurtre et le pillage. Comparez donc celui-ci à celui-là, et voyez quel chemin parcouru dans la voie du développement humain; jugez la différence de leurs aspirations: l'un ne rêvant que dévastation et mort, l'autre, le digne bienfaiteur de l'humanité, l'orgueil de son siècle, consacrant toute son existence à la recherche des moyens susceptibles de prolonger la vie des hommes!

« La preuve que fournit une telle évolution

de la pensée n'est-elle pas suffisamment carac-
téristique, et en présence de tous les symptô-
mes de fraternité humaine qui se manifestent
chaque jour, n'avons-nous pas raison d'espérer
en l'avenir ?

« Si, si, nous avons foi en l'avenir, nous
avons foi en le Progrès qui nous débarrassera
de ces vestiges abhorrés, nous avons foi en
l'amélioration lente mais sûre de la nature
humaine.

« Le héros du monde futur ne sera pas un
Napoléon ; sa popularité ne se nourrira pas de
cadavres, elle ne fera pas le tour du monde au
son des tambours et des clairons! Non ! ce
héros sera un savant, un modeste, dont les
œuvres seront autant de titres à la gloire, mais
qui pour toute satisfaction saura se contenter
de la joie du devoir accompli. Par une découverte importante il aura soulagé une notable
partie de l'humanité, son nom se trouvera sur
toutes les lèvres, eh bien, son cerveau ne sera

troublé par nul délire orgueilleux. Du fond de
son laboratoire, caché derrière ses cornues, il
entendra le concert de reconnaissance qui de
par le monde s'élèvera en son honneur, et ses
yeux d'apôtre du bien se mouilleront des larmes de bonheur ineffable. »

Tu frémis, ô Société? Le langage de la Raison a enfin pénétré ton âme! Tu commences
à comprendre qu'il est à ton activité un objet
plus utile, un but plus noble que l'entretien
des rivalités de frontière à frontière !

Que ton repentir te serve d'absolution !

Et maintenant, regarde à l'horizon ! Un nouveau siècle se lève ! Il a les yeux fixés sur toi,
et se demande avec anxiété quelles sombres
journées tu lui réserves. Forte de ta résolution,
marche à sa rencontre, et pour le rassurer sur
tes desseins, pour lui montrer que l'Humanité
s'est enfin libérée de son calvaire, salue son
aurore d'un message de paix !

TULLE, IMPRIMERIE MAZEYRIE.

TULLE, IMPRIMERIE MAZEYRIE

www.ingramcontent.com/pod-product-compliance
Lightning Source LLC
Chambersburg PA
CBHW070937280326
41934CB00009B/1918